# LA CASA QUE HABITAMOS ESTÁ EN LA BOCA

## Masiel Montserrat Corona

*La casa que habitamos está en la boca*
Masiel Montserrat Corona

**Ilustraciones:** Sergio Sánchez Santamaría
**Editora:** Nadia Arce
**Primera edición 2023**
**Impresión y terminados:** Integra Gráficos
**Revisión de estilo:** Diana Andrea Serrano Arce
**Diseño editorial:** Ramón López Morales

**ISBN:** 979-8-218-35202-8

**Todos los derechos reservados:**
®El Tintero Taller Editorial
www.eltinterotallereditorial.com.mx
instagram.com/eltinterotallereditorial
facebook.com/ElTinteroTallerEditorial
eltinterotallerliterario@gmail.com

Todos los Derechos son reservados. Esta publicación no puede ser reproducida ni en su totalidad o parcialidad, en español o cualquier otro idioma, ni registrada en, transmitida por, un sistema de recuperación de información, en ninguna forma ni por ningún medio, sea mecánico, fotoquímico, electrónico, magnético, electróptico, por fotocopia, o cualquier otro, inventado o por inventar, sin permiso expreso, previo y por escrito del autor.

*Canto para salir de mi rostro en tinieblas
a recordar los muros de mi casa,
porque entrando en mis ojos quedé ciega
y a ciegas reconozco, cuando canto,
el infinito umbral de mi morada.*

**Margarita Michelena**

# ÍNDICE

Raíces nocturnas 17
Océano rojo 21
Giro solar 22
El camino debajo de la tierra 25
Hexagrama 26
Leer el viento 27
Cantar de espuma 28
Retorno 29

Oscilación 33
Talauma 34
Brote 35
Fractal 36
El destello de la caracola 37
La culebra escapa del espejo 38

El secreto de las dunas 41
Luna de fuego 42
Rattle 43
Salvia 45
Tierra boca arriba 46

Espiral de fuego 49
Siseo 50
Navaja de sonido 51
La sacerdotisa 52
Refugio de hierba 53
Espejo de ceniza 54
El poblado de niebla 55
Fuego dentro 56
Encender la palabra 57

Caléndula 65
Ceiba 66
Caracolas 67
Los caminos sobre la montaña 68
Tu canto abre la hoguera 69
Raíz de viento 70
Puntos de canto 76

Hí'kuli 79
Luna abierta 80
Lluvia de maíz 81
Eclipse 83
Xérofila 86

Chóorakash 89
Móyla 90
El lugar en medio del agua 92
Héelaxish [*Song*/canto] 93
Mojave 94
Oleaje 95
Ṣúnngan/[*En medio*] 97
Tongues 98
Uprooted/Desarraígo 99
Abertura-espuma 100
Curvaturas 101
Vertisol 102
Lengua-semilla-vocal abierta 103
Hormiguero 105

# Prólogo

## Conversación sobre
*La casa que habitamos está en la boca*[1]
Juan Galván Paulin

...suenan atabales, el poema es rítmica ola sincopada para tatuar en el tiempo, en la piel y en la memoria la sonoridad de la palabra, eco deletéreo con el que apaciguamos la sed de infinito que nos consume instante a instante; y su imagen es una serpiente y danza y en su huella hace encarnar la realidad siempre atenta a su espiral en progresión hacia el Absoluto, el Origen... en la poesía de Masiel Montserrat se me impone un linaje, una genealogía que parte de Alfonsina Storni y Alejandra Pizarnik, de la salmodia chamánica, hacia las estribaciones de Margarita Michelena, Gloria Gervitz, Esther Seligson y Amparo Dávila (y a un pasmo que me toca con su inaudito: una cierta analogía con la poesía de mi Desnudo peregrino de mi boca); una genealogía he dicho, porque *La casa que habitamos está en la boca* pertenece a esa estirpe poética donde la mujer se interroga a sí misma para entregar la densidad del ámbito ontológico que podremos morar si somos capaces de acudir a sus revelaciones; porque esta poesía corrige el mito de Babel al

[1] Léase acompañado de *Sensemayá* de Silvestre Revueltas.

construir los versos con el caleidoscopio catalizador de todas las lenguas y convertirlas en "Senderos de palabras, maíz y miel"; y al corregirlo nos hace saber que toda dispersión, que toda separación es más una ceguera del oído que de la voz, una porfía del pensamiento... *La casa que habitamos está en la boca* es interioridad que germina sus potencias para darle identidad al mundo, y con ésta hacernos existir en una plenitud que sabe también del desamparo, de cómo éste acoge en su intimidad las certezas que ungen nuestro desasosiego; en un entrañable guiño a los recintos tutelares de chozas y pirámides, invocación de la Diosa en las plegarias de las abuelas quienes nos conjuran en su soplo y su ceniza, con sus investiduras visionarias, para permitirnos emerger hacia la luz, igual que sumergirnos en un océano que nos bruñe hasta corporificarnos... En esta poesía de Masiel Montserrat se expresa la verdad irrebatible de "Anterior al cielo está la tierra", la telúrica conmoción del Verbo al saberse cuerpo... La casa que habitamos... es un tejido de serpientes: el origen en la boca al pronunciarnos, jeroglíficos, runas, alefbet, el corte del técpatl, y, después, toda nuestra historia...

Juan Galván Paulin
Flor de Agua, Tepepan, Xochimilco, CDMX.
Julio 2023

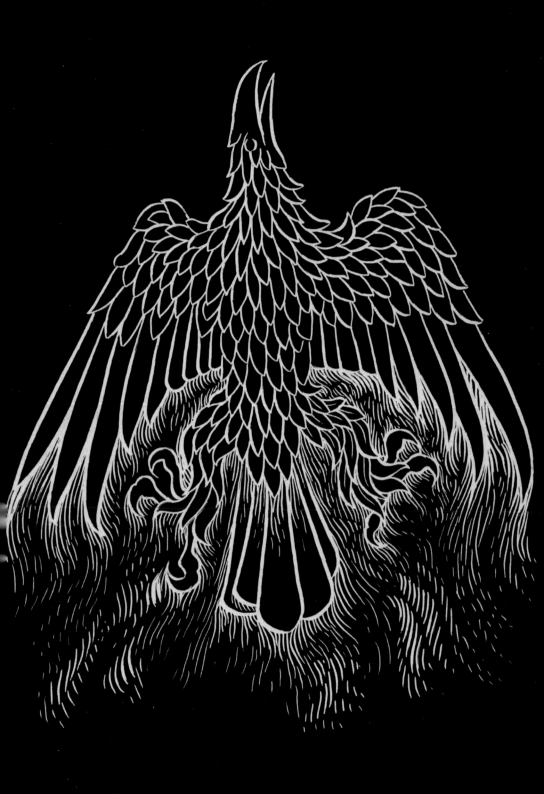

## RAÍCES NOCTURNAS

### I

¿Qué ves agitándose
        en el vientre de la media noche?
Arrastrada por el viento
la luz escapa por los árboles.
El fuego crece dentro.
 Sobre la superficie
pequeñas bocas se abren.

## II

El sonido serpentea en la lengua
        despierta el oído y la mirada.
Derramarse
        arder sobre el cuerpo
activa el sol en nosotros.
Justo detrás del pensamiento
        tornarse lluvia, resbalar
desde la raíz hasta las hojas.

### III

Entre la boca y las manos
        giran las palabras.
Tejidas con aire
voces parpadean sin hundirse.
Habitan el lado secreto
        detienen los ríos
alteran el curso de la luna.

## IV

Seres de fuerza

dominan a la serpiente

    transforman el tiempo

guían los sueños

en la tierra del fuego y la memoria.

OCÉANO ROJO

    Entrelazado, en las paredes de la boca
un bosque de espejos.
                    Relámpagos—
ecos-húmedos sumergidos en la memoria.
Caen segundos
se arrojan [como lluvia] encendidos los días.
Entre el sol y la noche, nosotros, cuevas entreabiertas
puntos acumulados sobre la lengua
                    carne de tierra.
Dentro, agua, [fuera] del vientre silbidos.
Rayas oblicuas extienden la garganta:
    universo ventral e infinito.
El sonido nos alcanza, devora nuestro reflejo.
Serpentean los nombres, el gemido de las buganvilias
    se hunde en la superficie.
Volvemos al mundo cubiertos de dobleces
    cubiertos de hojas y plumas.
Al ritmo de tu canto, las montañas se parten
    sisean bífidas. Te cubre un océano rojo
su latido te recuerda tu historia, arteria en el cuerpo.
Un hilo se extiende en nuestro aliento
    culebrea como un huracán sobre el árbol.

## GIRO SOLAR

### I

Robamos el rostro de las aves.

Una mujer danza en lo alto

      teje nudos

forma remolinos en el aire.

Desciende sobre el horizonte

gira en la cima del árbol

salta sobre una vasija de agua

      fecunda

           cruza los rumbos

apacigua a los demonios verdes.

Un pájaro de fuego se levanta.

En el eje del mundo

      el juego de lazos

           el rito del vuelo.

## II

Su lengua

elevación de vibraciones

gira alrededor del fuego entra al sol

recoge el follaje.

Su sonido estremece.

En una copa de musgo

      cierne el aire.

Semiabierta

se sostiene como un brote iridiscente.

## III

Ella

    rescate

búsqueda

    encuentro

    *Revelación*

un destello de luz guiándonos.

Su belleza ordena el caos

Geometría

    creación: *metamorfosis.*

Su sonido sacude a la intuición

    vibra

        renueva.

Ella

    cae

    al

    revés.

## EL CAMINO DEBAJO DE LA TIERRA

    Planta las palabras en una olla de nubes.

    Arrójate al remolino

    desciende a sembrar el sonido

    la lluvia, la yerba, el granizo

    sin ahogarte en aguas profundas.

    Juega en la tierra

    descubre los círculos sepultados en tu boca

    permite a los niños salir.

    Los corazones abiertos

    al morir se convierten en piedras verdes

    viven junto al árbol

    atraen a la humedad

    chupan las flores.

    Las palabras cuerpo          r.

              abajo          a

    crecen los cerros        t

    sustentan              o

        regeneran       r

            hacen b

## HEXAGRAMA

La luz de la mirada

      detiene el retroceso.

Concentra tus oídos en las imágenes

      *escúchalas*

      *entra en ti.*

Siente el remolino en tu vientre

vierte tu energía permaneciendo.

Busca el sonido en tus dedos.

Tu boca, una gota incendiándose

      desbasta la oscuridad.

Construye un refugio

recuerda lo que nunca se ha dicho

      deletrea el secreto.

Las palabras perduran

      salen

vienen desde lejos.

Como pequeñas hormigas

      hierven en nosotros

cierran el círculo con un rayo

protegen nuestro centro.

LEER EL VIENTO

    Sobre el mismo punto

    nacemos dos veces.

    En cada palabra que fluye

    nos multiplicamos.

    Palpitamos en su vientre.

    El aliento repliega sus alas.

    Abramos camino sin pernernos

    reparemos nuestros huesos con el canto.

    Escribamos nuestros nombres en las hojas.

        Vamos a leer el viento.

    Despeguemos los pies del suelo

        salgamos por el humo

            saltemos sobre el agua

                sobrevivamos en el tiempo.

    ¡Vamos a triunfar sobre la luna!

CANTAR DE ESPUMA

    La lengua resguarda oraciones

        principia la vida.

La su canto, arrulla el agua

    pide lluvia.

Su sonido delinea secretos

en retumbos de espuma:

    *Rezo* en los oídos de las olas.

La lengua, sonaja, ofrenda de culebras

    serpentea en la boca

semilla del mundo.

RETORNO

    Ven

escucha el recorrido del sol por el cielo.

Deletrea

    desierto

        luna roja, ramas, raíz.

Vierte agua sobre las piedras encendidas

    moja tus pies.

Lenguas se suspenden en el aire.

Un gran árbol sostiene la tierra

los animales vuelven al vientre.

Una piedra en la boca

    reaviva a la hoja.

    Arriba se quema

        abajo

una gota magnifica el centro de seis brazos

la luz penetra el agua, la refleja.

El color brota de la tierra

se incendia, brilla como el fuego.

OSCILACIÓN
    Debajo de la tierra
anida un sol igual que este.
    Abrirse a la noche
pulsa la lengua, ilumina las señales.
La mirada se repliega
    recobra sus secretos.
Los sonidos se multiplican
    desafían los bordes
el frío y al gran árbol
    de hojas incontrolables.
Las palabras
    cascabeles nocturnos
descubren el camino
    del corazón al iris.
El latido recobra su ritmo
captura el calor de la hierba.
Su pulso, desata el horizonte.

TALAUMA
    Disipa la casa de niebla
    siembra
        dispersa vida
            corazón.
    Retumba el caracol
        pisa la tierra.
    Nuestra carne
        nuestros huesos son ceniza.
    Surgimos de una hoguera.
    Golpea la piedra
    hasta que tus dedos se estampen en ella.
    Una mujer sopla agua y cal sobre nosotros.
    La señora de la tierra
    mancha nuestros rostros con harina.
    Tus obras
        sacrificio en las brasas
    pequeños puntos rojos
        sangre.
    Arroja tus palabras
        derrama tu canto sobre el suelo
            entrega tus secretos.
    El misterio libera la energía
    destruye la argolla de tu cuello.

BROTE

    Ser entre los dedos

    una onda expandiéndose

    polen disperso

        vapor escapando de la boca.

    Ser a mediodía, llamas, temblor

    un punto medio o nube derramada.

    Ser ruido entre las formas;

    caer en el follaje

        ¡Mancharlo todo!

    Arder, inextinguible.

FRACTAL

    Nosotros

    la casa del agua

la hierba

    la lluvia

        serpientes.
Espirales en nubes de tormenta.

Nosotros
la casa del fuego
    sol
        la hoguera
una llama en movimiento
      LUZ

Nosotros
    la casa del viento
        sonido
            respiración
palabras.

Allá, en la cabeza de la tierra
en los pies de la tierra
en sus manos, habitamos.

Nosotros corazón
      sangre
          alzamiento
poder
    fuerza
        v i b r a c i ó n.

## El DESTELLO DE LA CARACOLA

    Nuestra casa

    el sol

    un rayo sale de su boca

    incendia

    se desprende

           dividiéndose.

Contar los días es contar nuestro destino.

Ser uno y mil.

        Un hilo trenzado marca los ciclos.

Lo nocturno es terrestre.

De día se sacrifica a las estrellas

el cuervo y la lechuza retoñan de su sangre.

## LA CULEBRA ESCAPA DEL ESPEJO

    Los bordes no tienen cielo

        se extienden

palpitan como sogas de sol a mediodía

viven entre los muertos.

Su movimiento se multiplica.

El fuego consume los huecos

        todo corre.

Los ojos debajo son noches rojas

        crujen con el viento.

      *Hemos nacido con causa.*

Entrar

    emerger

        salir es moverse dentro.

Volar

    hacia

        abajo

            es subir.

Los segundos nos retornan a los huesos.

La culebra escapa del espejo

    hunde sus fauces en el agua.

## EL SECRETO DE LAS DUNAS

En un mar poblado de serpientes

el sol viaja por debajo.

A los guardianes de la noche

llevamos dentro.

    Sombra de lluvia

        la entrada

            el desierto.

Cada raya

    cada nudo, nuestra historia

escondida en el vientre

        silabeando

*magia, vida, milagro.*

Revelar las palabras

    el principio del fuego.


El secreto de las dunas

    el viento.

La mujer serpiente

como bocanada de semillas

oscila en dirección del torbellino

arena

    polvo

        forma al moverse.

Su lengua, la fuerza de la tierra.

## LUNA DE FUEGO

    Su garganta serpentea voces
    exhuma a los muertos
        divide.
    Su lengua
        como serpiente
    desciende por el ombligo
        golpea la tierra
    se vuelve raíz.
    Sus ojos invocan el fuego.
    Ella dibuja círculos en las hojas
    un remolino devora cuerpos
    damos vueltas en él.
    Soltamos nuestros miedos
        estamos dentro.
    En la boca hay hormigas
    atraviesan nuestros labios
    sentimos su poder.

RATTLE

    Cuerpos abiertos se balancean.

    Duermen bajo aguas poco profundas.

    El aliento escapa de sus ojos.

    Oraciones, sangre en un collar de hojas

bocas poseídas sahúman lenguas.

Beber la saliva de los animales

corona la fuerza.

Laurel debajo de la almohada

    agita los sueños.

Colócalas en tu ventana

y en tu mano izquierda

escribe deseos en ellas

*quémalas.*

El cuchillo en tu mano

ahuyenta a los espíritus.

    Cae

        punta

            adentro.

Cambia tu rostro

transita lo desconocido

viaja sobre tu espalda

donde el sonido se alarga.

Recupera tu fuerza

eres ágil, escalas como la hierba.

El humo produce visiones

      purifica

           protege

                  renueva.

## SALVIA

    La voz se curva

    hasta agitar el humo de las hierbas encendidas.

    Las bocas, pequeñas semillas frescas

        tejen, silabean, mascan las flores.

    Inventamos el silencio para sofocar el ruido.

    *Salvia, medianoche, uno-lluvia, polvo, Manzanilla.*

    El canto se multiplica en sonidos triangulares

    cruza, se come los labios, succiona los cuerpos.

    Torbellino amarillo, el viento dentro de la boca.

        *Salvia, Eucalipto, Romero, tierra roja.*

    Pronunciar los nombres, desata los nudos

        nos permite nacer.

## TIERRA BOCA ARRIBA

    Descenso al fondo del pozo

    ojo astronómico

    geometría del caracol

    ciclo de venus.

    En el templo vuela una serpiente

    formas emergen del agujero de la tierra

        *brujos de agua.*

Lengua

fuego del cuerpo

pronunciándose a sí misma

    tierra boca arriba.

Un brote de voz se eleva a la raíz.

El corazón pulsa al ritmo de la mano

tambor

    siseo ondulante.

ESPIRAL DE FUEGO
    Extraviamos la lengua en el sueño.
    Entre paredes de agua
        emergemos de la boca.
    Nuestra posición es confusa.
Los cuerpos son de hierba
la humedad crece bajo sus huellas
    pierden su sombra.
La voz se parte como una nube de tormenta.
Los misterios, el habla
el cuello el pardo sentir del vuelo
    arrancan el dominio
        enfrían los huesos.
Agrietan el túnel.
Se ha levantado una espiral de fuego
su cabeza, melodía
    regreso a lo más alto
        sin principio.

SISEO

    Volvimos el rostro

        caímos boca abajo

ahondando en los misterios.

En el vientre

un caracol nocturno se desliza

    se expande

        abre el cuerpo.

Con las manos abiertas

un corazón de luna limpia el centro.

    *Hemos dejado de jugar*

    *olvidamos hacer fogatas*

    *y resplandecer en la lluvia.*

    *Olvidamos ser aves*

    *piedras sueltas y montañas.*

    *Olvidamos ser ríos*

    *mariposas rojas revoloteando*

    *entre la faz y el polvo.*

Las palabras permanecen en la boca

cascabelean en la piel

    se parten con el viento.

## NAVAJA DE SONIDO

    Se extienden hilos

aguijones tibios anudan las orillas.

        Palabras crecen al borde de la boca.

Rayas, vegetación de buganvilias bajo el grito.

agujeros en el suelo desértico, errante.

Debajo de los troncos hay aberturas

      voces

neblina

        pájaros negros vuelan en bandada.

Cuerpos morados se dibujan en la noche.

La piel es devorada por el lenguaje

      por el musgo

por la resina sobre la lengua

      navaja de sonido.

Pasamos del canto a los ojos

y de la humedad al punto

río abierto, piedra, oscilación.

Partimos la tarde

y el viento acumulado en los insectos

se balancea en los oídos.

LA SACERDOTISA
       Entre el corazón y la cabeza
    estamos
            dentro del cuello
        luna
            agua
                  viento invertido.
El día se agita
la oscuridad su destino cede.
       Desnudos
            enraizamos las corrientes
                  barajamos las preguntas.

## REFUGIO DE HIERBA

    La palabra se bebe

    aconseja a la madrugada

        tuerce hilos.

    El oído al otro lado

        la corriente del sueño.

    Camino de sol donde la tierra se separa.

    Una luz blanca es un collar de semillas.

    Los sentidos, frutos, puntos de canto.

    Retomar el aliento al barrer la hierba

    pronunciar el mundo en suelos negros

    ascenso, la regeneración del canto.

    Tumba, quema los huecos

    siembra el cielo, la luna, el trueno

        derrama tu sonido

    tu sangre en nudos y en hojas.

## ESPEJO DE CENIZA

    Durante la noche

    las formas se balancean

    el desierto se abre

    rebanando las horas

    el dominio, las lenguas.

El ojo

        al fondo

agita la jaula

        se derrama como agua sobre el vientre

        sobre el hueco

        sobre el filo de la luna

        nubes;

Hormigas en la boca

espinas unidas en pares

geometría extraída del cuerpo

        incendio.

En la punta, dos hilos divididos.

Nadie elige su lugar

mitades de rostros se tiran al fuego

atraviesan

        sobreviven

suben en círculos de humo.

## EL POBLADO DE NIEBLA

    Siempre hemos estado aquí

    entre la humedad y la tierra

    serpenteando las orillas

    llamados a ser

        sílaba por sílaba

           aire

    espacio blanco dentro del pasado

        el habla extraña.

    Nuestro sonido, raíces.

    El que no conoce su nombre

        ha nacido huérfano.

    La oscuridad no es para siempre.

    Hemos de persistir

        tomar el sol con el pico

    iluminar cada rincón del árbol

    incendiar los puentes

        desgarrar las líneas

           mantenernos vivos.

    Al pie de la montaña

    las gargantas se transforman.

    Pájaros cobrizos

        desdoblan sus alas

           se vuelven trueno.

        Los corazones de espuma se levantan.

    Enrojecidos por la ceniza

        tocan las sonajas del fuego nuevo.

## FUEGO DENTRO

  Piedra

    por piedra

nos arrastramos

   sobre el vientre.

Hemos comido polvo

hemos cambiado de piel

   de cuerpo.

Somos ceniza mezclada con lluvia

sonido escarlata dentro

   fuera de la tierra.

Desnudamos nuestros pies

nos sumergimos

  gota

    a gota

   desde el corazón hasta la lengua.

Enlazados

nacemos cubiertos de leche.

Junto al viento

   serpenteamos

como fogatas abiertas.

## ENCENDER LA PALABRA

### I

Dentro

hay un ojo de luna

    tierra

        fuego

            agua

                vapor

lluvia volcada.

El sonido de la caracola

aviva a los insectos

corta el tiempo

    abre la lengua.

## II

Tuyo es el temblor

el silencio de plumaje misericordioso

el puño de palabras abundantes

    la cuenta de los días.


La casa que habitamos

está en la boca

en las raíces cubriendo

    nuestros cuerpos

en el ruido total

    bajo las figuras.

## III

La energía se ofrenda en el zumbido

en el suave quebranto de las hojas.

Plasmar el trueno de la voz

        invierte el suelo.

De abajo a arriba

        f l u i m o s.

Como manantiales

de fuego

        nos alzamos.

## IV

Bullir a medianoche

ahuyenta el sueño.

Una hormiga gigante

      devora

a una mariposa negra

piedras verdes son semillas

serpientes resonando.

Entre las ramas

      hay sangre.

Colibríes de picos rojos

revolotean

      los corazones abiertos

vibran al sol.

## V

El canto se anida en un brasero

se desliza por la garganta

        llameante

        entra a la carne

        penetra

adivina el derrumbe de las pausas.

Las grietas de la montaña

        hablan nuestro lenguaje.


En el cuerpo llevamos silbidos

        en el cuello

                tonadas pulsantes

                sonoras.

## VI

Regresamos del silencio al pulso

saltamos del agua al fuego

de la luz a la tierra

        bebemos soles.

A pesar de los puentes

        los hilos y la noche

en nuestros templos

        encendemos la palabra.

## CALÉNDULA

    Sobre la lengua, acantilados.

        Palabras, abismos nocturnos—

30 mil semillas se hunden como aves terrestres.

    *Escucha la vida.*

Sus ramas se elevan hacia el cuello

atraviesan la neblina y el vacío.

Se alarga la voz

        el ser vivo más alto en la tierra.

La boca encendida

      —sangre de tuna—

Serpiente

    sin plumaje

    ocotillo de arena

    ocotillo ondulante.

    Sonido verde

*Rattle, red pebbles*

    *scales loosely connected.*

Para escucharla, nos tornamos viento

    un canto extendido.

En sus círculos, nosotros, humo de huesos

      ríos enraizados a mi tierra-centro.

En sus ojos, nosotros

  un acento extraño sobre el mundo.

CEIBA

    La voz toma la forma
        de sus raíces
giros continuos dentro
        como savia.
Desde su ojo
        corteza verde
el cielo desciende sobre la tierra.
En sus ramas conjuga el tiempo
        y el calor de los insectos.
Mitad fuego, mitad tierra
    dos ramales en movimiento se duplican.
El poder se funde en la garganta
        tallo ondulante.
Hormigas
        como puntos sobre el cuerpo.
Dorsal ascendente
        tronco-espina
            tronco-flor y agua.
Cantos silábicos queman la noche.
Las cuerdas llueven turquesas.
La boca-ceiba abierta
        dos cuerpos serpentinos.

CARACOLAS
      Espiral de cantos
gargantas, puntos graves.
Palabras vienen a la boca, inundan.
Aire, movimiento incesante.
Cambio; otros, siempre otros
    ríos hacia adentro.
Intermitentes. Parpadeo
ventana por donde la voz escapa.
Serenidad clavada como aguja en los ojos.
Profundidad: madruga, torrente abierto.
Ruido, lenguaje sin paredes.
    Sonoridad
        cuerpos de lluvia.
Las calles se mojan.
En nosotros, las raíces:
promesa de suelos firmes.
Piedras, sueños
pausas hundidas en la maleza.
En los huecos
    vibraciones
        lenguas amorfas.
Hemos nacido en esta piel
abrigo de poros y sílabas.
En otros territorios, voces trasplantadas.
Acentos aprisionan la lengua.
Sobre las hojas húmedas de los textos
    extranjeros, veredas, grafía.

## LOS CAMINOS SOBRE LA MONTAÑA

    Escucha la noche

    hay montañas agrietadas por el frío

        y voces en sus huecos.

    No puedo nombrarme

    sino mitad entre las aguas

    fracción de tierra

    extremo de dos caminos en la hierba.

    Nuestra lengua, enjambre sobre las hojas

        germina bajo un rojo lejano

    sobrevive, se integra al suelo.

    En San Bernardino

    mi saliva se vuelve sal

        tu sonido arena.

    En este lugar de grises subterráneos

    nuestra boca oscila en un verde profundo.

## TU CANTO ABRE LA HOGUERA

Anterior al cielo está la tierra.

Allá —donde crece el viento

reposan también los huesos

eslabones tamborilean en las entrañas.

Cantamos y crecemos al amanecer:

*Cuando llega la lluvia*

*el cuerpo es polvo.*

*La luna, lengua de mariposa y plumaje gris*

*se vuelve pájaro.*

*El sol, pulso del cielo*

*duerme a la noche, se torna en ave.*

Entre los árboles

ojos amarillos sobrevuelan las alturas

tejen manchas blancas en la densidad de la noche.

*Reza el sueño,*

*puebla los caminos de la creación*

*llama, tu boca, río de fuego sumergido.*

*Tu canto, abre la hoguera*

*parte la roca, mueve culebras.*

*Tu voz invoca los nombres y une los rumbos.*

Las raíces permanecen encendidas.

El aliento

agitado

flota como el vapor antes de hundirse.

# RAÍZ DE VIENTO

## I

Una semilla sube
      entra, se expande
se apodera de la voz.
Crece una lengua roja
raíz de canto cubierta de soles.
Sonidos púrpuras lo cubren todo.
Llevamos cactáceas en la boca
espinas ruidosas.
      Regresamos al fondo
      caemos dentro
      caemos en la voz.

## II

Se extiende la hierba.

Somos libres en el fuego y el viento.

Rayos serpenteantes

        desnudan las palabras.

Nuestro canto, lluvia.

Ríos se derraman por la piel

        nos humedecen.

## III

Venimos de un lugar cercano al agua

agua que limpia e inunda.

Venimos de un lugar rojo de viento.

Hervimos en la tierra

        nuestra piel

se desvanece en un millón de hormigas.

## IV

*Madre*, has llamado nuestro nombre
        brotamos de ti.
Nos deslizamos sobre los maizales secos
        somos polen entre la hierba.
*Tú eres una gota granate.*
        Fuego
Nosotros fuego en tus fauces.
Avispas en la boca resuenan poderosas.
Llevamos viento rojizo en la garganta
viento entre los dedos
        viento en el cabello.
Mariposas rojas se desplazan en vocales
        letras resbalan por la lengua.

## V

*Madre,*

        danos la fuerza de la culebra

        danos la sabiduría de la lechuza

        siémbranos en la tierra.

        Devuélvenos a ti.

*Madre,*

        regresamos a tu vientre.

Regresamos al cielo enterrado en la tierra.

        Estamos dentro.

        Tu centro es amarillo

        huele a sal de mar y desierto.

## VI

Venimos de la sal

sal de grano que limpia.

Hemos venido a purificarnos.

Regresamos a la tierra, nos abrimos.

Sílabas estallan en la lengua

    su geometría nos invade.

## PUNTOS DE CANTO

    Las palabras, oraciones

        polen agitándose en la boca.

    Escuchar

        ver las formas

pequeñas serpientes de aliento.

El mundo en mi lengua

    libélula.

En esta ciudad, las noches enrojecen.

Los círculos se dividen.

    *Tierra, cielo, canto*

siseo de nubes verdes.

## HÍ' KULI

    En la tierra se engendra el canto

    agua, niebla, sonido escarpado.

    Tu casa provoca tormentas.

    Tu boca-cueva

        viento sumergido.

    Tu lengua escupe la piel del lagarto

        desentierra el camino.

    Tú, cuerpo-silbido:

        sangre, arroyo turbio

            raíz-relámpago.

    En el desierto

    todas las formas cambian de nombre

    se vuelven espiras de sal.

    Tus palabras

        fuego, ceniza

            venados rojos.

    Tu boca-cactácea

        Hí'kuli, círculo lechoso.

    Tu lengua, ave-cascabel

        tu cuerpo-nube.

    Tú, espesura

        lluvia de voces verdes.

LUNA ABIERTA

    Rezo

        *soplo de humo con piel de pájaro.*

  Completa telaraña

      cielo

          abismal océano

    llena rueda de baile

           inmensidad

              grito de lluvia:

Dos brazos extendidos

      sobre el vientre de mi madre.


   *Aliento*

      un vuelo púrpura

un ojo tragado por la media noche

     *insomnio*

        sueño de ceniza.

Un péndulo se balancea entre mis dos orillas

       garras

          ayuno

un trapo de barro mojándose.

## LLUVIA DE MAÍZ

    El cascabeleo de semillas

    abre el vientre

    círculos rojos

    fecundan la tierra

    se esparcen

            lentamente

    hierven en la lengua.

    El pulso se hunde vibrante

    como gota de sol

            desgrana la piel.

    Hilos danzantes

    silabean tu nombre

            de boca a oído

                  traspasan

    el puente al corazón.

    Veinte granos de maíz para ti

    que adivinas el cauce de los rumbos

    y encuentras el aliento en las palabras.

    Estamos donde el fuego comienza

            donde se ofrendan

                  nuestros cantos

                        mazorcas vivas

                            al arrojo.

Al fondo

hay guardianes nocturnos

nubes llenas de lluvia

    niños-hormiga

    mujeres-hombres-maíz.

Al fondo

    hay soles

pequeños puntos brillantes

    germinan de la tierra

limpian con sal de grano

nuestros huesos.

    *Ven*

        *habla*

    *húndete en la lluvia*

    *en la sangre en movimiento*

        *en la noche.*


    *Ven, regresa del sueño*

    *amanece en el templo*

        *siembra con tu voz*

    *sumérgete en el fuego.*

ECLIPSE

## I

El verde germina de la boca.
Suspendidas en las manos
    pequeñas lunas aladas.

*Madre*, sobre nosotros
    soplas viento amarillo.
Círculos blancos palpitan
    se multiplican en la tierra
pequeño espejo de agua.

## II

La boca, árbol

oráculo de raíces profundas.

Debajo se encienden las estrellas.

Ojos, lenguas, triángulos en mi garganta.

*Eclipse*

Un búho extiende sus alas

    se vuelve río

cielo, púrpura-vibrante.


Cantar el burbujeo de sílabas

    en la sangre, calor.

## III

En el centro secretos oscilan

resplandecen en la cabeza de la serpiente.

*Oscuridad-transformación.*

Ceremonia, manchas rojas entrelazadas.

Colibríes punzantes sobre la lengua

sonido, semillas, vibración.

Líneas serpentean en nuestro cuerpo

cubren la noche.

XERÓFILA
    Y la lengua
  silabario de semillas
      canta el movimiento.
Como fumarola viva
    se desprende de la boca
se hunde llameante en la vegetación espesa.
Fuego de dunas
    entre las piernas
danza polifónica.
Ensancha sus espiras
    se divide.
Entre la ceniza abre sus fauces
se traga con hambre a la tierra y su sonido.
Nada nace fuera de la voz
    nada vive.
Los pequeños soles verdes desaparecen
    puntos al borde de la garganta.
Caracolas semiabiertas
    mordeduras, palabras de serpiente.
*Canta para que no te lleven*
*canta el camino de arena y su plumaje*
*canta el desierto florido y el cirio nimbo.*

Regresaremos en forma de ríos.
Sobre el alfabeto, la lengua de espinas llueve
cactáceas.
    Todo se moja.

CHÓORAKASH

    Alguna vez fuimos una misma lengua

        saliva amasada con polvo

    sonido, éxtasis sobre la piel que trina.

    Cantamos para recordar nuestros cuerpos de viento.

    Día tras día

    desata los nudos sin que el fuego te queme.

    Lee en voz alta tu edad en la tierra

    entona incesante, las formas escondidas en tu aliento.

    En tus sueños te comes las palabras.

    Allí estabas tú

    entonando y partiendo las sílabas

        *'ivíp chóorakash 'áv'aat, yót*.

    Este es un círculo grande y rojo:

    Desierto, orilla

        agujero sobre agujero

    un hilo de oraciones danzantes.

    Los nombres tejidos se transforman

    pierden su origen, descienden hasta el amanecer.

---

*En Luiseño, lenguaje Uto-Azteca hablado en California, *Chóorakash* significa, círculo e *'ivíp chó orakash 'á v'aat, yót,* significa "este es un círculo grande y rojo".

MÓYLA

    Se desploma el cielo
    la tierra se hunde en movimientos de aire.
    Un enjambre cubre la entrada de barro
        se abre la colmena.
    Sonidos hexagonales alzan el vuelo
        Ur, Ur, Ur
    Puntos se filtran por la lluvia, por las gotas.
    Por el suelo se derraman pequeñas nubes brillantes.
    Llueven líneas, peces de colores
    se extienden como ríos subterráneos.
    Dos círculos semiabiertos despliegan sus alas, vibran.
    Escucha sus nombres caer:
        *'Éshkayik, Tóongaxik, Șúnngan*
    (Hacia arriba, hacia abajo, en medio).
    Sus raíces se conectan con el agua, con la luna.

    *Madre*, sobre mis palmas revolotean triángulos
        constelaciones que dominan a la noche.
        Antes y después hay humedad
        vegetación interminable.

Dentro danzamos, figuras desembocan en el fuego.
En la penumbra se duplican.

*Madre*, al otro lado te espero
>	con amapolas rojas en mi lengua.
Abejas lunares germinan de mi vientre
>	escapan sin regreso.
No hay quietud en la colmena.
Los signos se deslizan, atraviesan
>	giran en el centro
caen de pie en la densidad de la noche.

\**Móyla* en Luiseño significa, "luna".

## EL LUGAR EN MEDIO DEL AGUA

Riega tu lengua antes del amanecer

despierta tus ojos de luna

desentierra el sol de tu corazón

    no retrocedas

ciclos nos unen al sueño y al canto.

Pide la palabra sin engaño

aleja el frío de tu voz, sal en busca de ti.

Naciste así, con el aura de lechuza.

Tres piedras para ti que lees la bruma en la mirada.

    *Oye, ve, escucha*

    *a lo lejos entonan tu nombre.*

Tu vista y oído se avivan

tus ojos de niña, tus ojos de raíz

son el camino resonando en el agua.

Sumérgete, cruza, regresa

la búsqueda continua nos protege.

Hablar es intuir la magia dentro

los ojos de la piel nunca se cansan.

    *Chulúppa, hatí"a—*

    *To go in*, entrar

    rompe las cuerdas

nos vuelve puntos intraducibles y rojos.

HÉELAXISH [*Song*/Canto]

    Forma bosques, la boca

        sonidos volcánicos.

Al extremo, el mundo

        la lengua—

un clavel de aire en territorio extenso.

   La última frontera, choque de flora y sílabas.

*Haní'cha xwáyyaanik.*

    *Vamos a la parte blanca.*

El ruido de la tierra, Nosotros

   salamandras desplazadas.

Sobre la saliva

laberintos serpentean como soles.

*'óm, náawi*

(escribe), canta:

   *Océano de arena*

       *cielo, sal*

*y al fondo, pliegue de montañas.*

Universo vegetal en el ombligo.

   *'óm 'éskani* (traza)

   *'óm tiwwi,*

       ve, (predice)

canta las avispas en tu boca.

MOJAVE
    Punto y silencio
        repetición, giros rítmicos.
    Senderos de palabras, maíz y miel.
    Sobre un hilo gravita un escarabajo verde
    semilla esmeralda suspendida en la boca.
    Una multitud de vocales abiertas irrumpe
        humedece los labios.
    Emergen raíces, niñas-lluvia, abejas sonoras.
    Los insectos, espacios de aliento
    se desprenden en la arena
    el desierto se cubre de musgo y sal.
    Mojave vive del agua.
    *Along the river*
*it has always been, Aha Makav*
        inclinaciones de cactáceas inundan la lengua.
    El viento sopla ceniza roja sobre nosotros.
        Nada detiene los sonidos.
    Cruzar la brisa caliente
        nos devuelve a las dunas de flores silvestres.
    Voces se cuelan por las ranuras de la tierra.
    Las plantas de yuca y el árbol de Joshua
    levantan sus brazos sobre el vergel amarillo
        Iod/Yaud/Yod/
    las sílabas resguardan secretos, erosionan.
    Sus corrientes se ensanchan
    se hunden, respiran en un lagarto nocturno.

OLEAJE
    El sonido de los grillos
        secretos, oraciones en la tierra.
    Nacemos de manera desconocida.
    Desde el fondo de la boca
    observamos las estrellas.
    Formas, colores
    palpitación de todo lo vivo.
    Desposeerse, inclina el corazón.
    La lengua serpentea.
    Del punto al árbol, remolinos.
    Respiración, semilla acuática.
        Intercambio.
    El cuerpo, calor, voz
        refracto de palabras.
    Telarañas en constante movimiento.
    Los nombres
        raíces, sonido entre los pinos.
    Las palabras salen, se extienden
        retornan al cuerpo.
    Hojas, vocales agitadas.
    Sonoridad bajo tu lengua punzante.
        Nudos.
    Tu voz sobre la tierra
        ruido en el fondo

pulso, tacto, humedad.

Buganvilias en tu boca.

    'oti Yot

*Como hiedra creciente*

    *me enredo en tus sueños.*

Sílabas, hormigas desprendidas.

ṢÚNNGAN/[*En medio*]
    De caracolas se cubre la noche.
    Enroscadas en el fondo
    las palabras se duplican
    se hunden, regresan. (En la lengua
    la mirada). Escamas rojas emigran sobre la superficie.
    El mar y la tierra inician
        se extinguen en la boca.
    En medio
    un desierto, sonidos, nubes de arena
        pequeños cielos marinos.
    En medio, un mundo blanco
    relámpagos, no hay retorno.
    Sobre tus pies se esparce el polvo.
    En ti, la hierba crece
    y las constelaciones
    en tu canto
      semillas.
    La lengua divide muros:
        Nótma, (mi boca)
        matámtash kihúut (pequeña línea)
        Nótma,(mi boca) pakwív'aat (curva).
        Móyla wám' pó' 'áaq
          *It resembles the moon.*
        Nótma, páahaykun matámtash (triángulo)
        páahaykun (tres veces)
        'áv'aat choorakash (círculo rojo).
    Mi boca.

## TONGUES

    Upstream

    emerging sounds

        divide to mean.

*Our language*

reconciled feathers

sprouting from our womb.

Uttered hums

    give rise to seeded fires.

Our translated names

a musical confrontation

    scattered words

dissolve across our shores.

Our mouths have become

    small-yellow-cages.

Earth-tongues

diverge like moving water

fall short like rainfall

    and rise like wildfires.

## UPROOTED/ DESARRAÍGO

En la boca

cielos color granate relampaguean

    se parten.

En la lengua retumban soles

anémonas amarillas se desplazan al filo del sonido

invaden los pulmones, vibran el cuerpo.

Las palabras, túneles invertidos

disipan los techos azules

las rayas y los círculos se dividen.

Se abre el reflejo de la noche

de la piedra y de la nube.

Aves púrpuras revolotean en nuestros cantos.

Erres contraídas

        fluyen oscilantes

  de extremo

      a extremo

hormiguean rítmicas sobre nuestros labios.

Toca el punto más alto con tu lengua

que es de lluvia, energía entretejida

    calor enterrado en el vientre.

Hierve el granizo hasta tornarse en sal.

Renombrar el movimiento

      nos vuelve dioses

agitación sobre la tierra.

## ABERTURA-ESPUMA

    El alfabeto culebrea
          muerde tobillos
construye su casa en la boca.
La lengua se mancha de atardecer.
    y la noche
devora los hilos rezagados en el estómago.
Cada línea, una hormiga sepultada.
Su sonido empuja las paredes.
No hay ni un solo hueso sin palabras.
Vértebras, espirales hirvientes.
Oscila el calor
abarca el mar, la tierra, el aire.
Cantar el verde es cantar la fuerza.
Los colores se mezclan en el canto
    en la carne, en los labios.
Se divide la voz, la piel, las formas.
Estamos donde la humedad enrojece
    y los nombres comienzan.

CURVATURAS

    Bajo la lengua

    una S curva crece

    disminuye

        se disuelve.

Abre un arco

pasaje de tierra a cuerpo

        marea de sol o remolino.

De luna, la lengua

    sumergida

dibuja triángulos rojos

sobre la piel de las culebras.

    Días de luz

entre palabras brillantes.

Semilla entre los rayos

la luna

    aire

espiral

    ciclón.

Cascabeles

    trazos despiertos.

En la superficie

    círculos abiertos

abismos ondulantes.

VERTISOL

    Tu canto se extiende, se hunde en el sueño.
    Coralillos emergen de las bocas
        envuelven los cuerpos.
    Lenguas triangulares silabean en las formas
        dan vida a la tierra.
        *Arenosol    luvisol    vertisol*
    Una larva aérea se posa sobre el cielo
    se desprende ortográfica.


    Una serpiente blanca devora tu canto.
    Branquias terrestres pulsan abiertas
        atrapan los colores disueltos en el polvo.
    Aberturas, poros, espinas curvas y multilingües.
    Poliedros en la faringe, atraviesan como salamandras
        cortando la noche.


    Migraciones vocálicas irrumpen en los labios
        vértices de sonido y pausas.
    Suelos abiertos, líneas
        reptiles sobre mi piel-cascarón de cigarra.
    La tierra devora a los hombres
    crecen figuras y cactus de la ceniza.

## LENGUA-SEMILLA-VOCAL ABIERTA

Me nombro origen, sangre, cuerpo.

Me nombro resto de otras bocas.

Lenguas; años en la tierra.

Erosión, temblor, estallido de palabras.

Fragmentos extraños sobre un poema

lengua-tiempo, lengua-espiga, savia-humo.

    Semilla-lengua-vocal abierta.

Inflexión melódica, misterio.

    La *a* perfora la cabeza

    abeja asonante, amarilla.

    La *e* emerge de la espalda

        *e* de earthlight

        e de eardrum

        O, eclipse en el estómago

        O, la entrada, nacimiento.

La u se forma entre las piernas.

Hacia adentro, cuerda, vientre

hueco escrito entre la carne.

    i, línea, punto

cruce de órganos

su mancha de aire lo une todo.

La exclamación asciende a nuestra boca.

Hierbas, círculos, raíces.

Rayas sobre nuestras lenguas.

Saliva, manchas resonantes.

Hilo húmedo mi lengua

lengua salto, ojo turbio.

Lengua-tiempo devorado.

HORMIGUERO

    Entre la boca y la tierra

    revientan cráteres de viento.

    Hormigas hierven la garganta

    devoran el sonido de los labios.

    Lenguas caen sobre senderos de hojarasca

            palpitan sueltas

    consumen el silencio de los agujeros secos.

    Voces se transforman en serpientes

    capturan a sus presas.

    En sus fauces las confortan.

    Las hormigas transforman el cuerpo de los muertos.

    El sol se desprende

    la luna vibra

        se ensancha

    y la hierba en ti...

        maraña de silbidos

            humedece tus palabras.

    Los insectos escapan río abajo

    sus corrientes crecen, se derraman.

    En la punta del desierto hierve el canto

    y allí, dentro del remolino

    caminas turbia, poblada de relámpagos.

Se terminó de imprimir en el mes de agosto de 2023
Impresión y terminados: Integra Gráficos